Peter Arens

Mündlichkeitsprinzip und Prozeßbeschleunigung im Zivilprozeß

Mündlichkeitsprinzip und Prozeßbeschleunigung im Zivilprozeß

von

Prof. Dr. Peter Arens

Freiburg i. Br.

1971

J. Schweitzer Verlag · Berlin

ISBN 3 8059 0176 3
Gesamtherstellung: Anton Hain KG, Meisenheim/Glan

Inhalt

Das Ziel dieser Arbeit, die auf einem für den VIII. internationalen Kongreß für Rechtsvergleichung in Pescara erstatteten Landesreferat beruht, kann es nicht sein, eine ins einzelne gehende Analyse der Beschleunigungsnovelle und der anderen Entwürfe (Stuttgarter Verfahren) zu geben. Dieser Aufgabe haben sich Jürgen Baumann und Gerhard Fezer neben vielen anderen bereits unterzogen; andere Arbeiten sind in Vorbereitung. Hier kann es nur darauf ankommen, die grundsätzlichen Aspekte des Zusammenhangs von Prozeßbeschleunigung und der schriftlichen oder mündlichen Gestaltung des Verfahrens aufzuzeigen. Dies ist nicht möglich ohne eine historische Einführung, in der die Entwicklung des Mündlichkeitsprinzips seit dem Erlaß der CPO nachgezeichnet werden soll.

Freiburg, Anfang Januar 1971 Peter Arens

Einleitung

Der Streit um die Schriftlichkeit oder Mündlichkeit des Straf- und auch des Zivilprozesses hat nicht nur das 19. Jahrhundert bis zum Erlaß der Reichsjustizgesetze beherrscht; er ist auch danach nicht zum Abschluß gekommen. Er ist immer auch im Hinblick auf die Beschleunigung geführt worden. Bei allen wichtigen Reformen der ZPO bis hin zur jetzt zur Verabschiedung anstehenden Beschleunigungsnovelle hat immer die Frage nach dem Verhältnis von Schriftlichkeit und Mündlichkeit zueinander und nach dem Einfluß dieser Regelung auf die Beschleunigung des Verfahrens eine höchst bedeutsame Rolle gespielt. Immer ging und geht es – unter anderem – darum, ob und inwieweit die Einführung der reinen Mündlichkeit des Verfahrens in der ursprünglichen Fassung der CPO durch Einführung schriftlicher Elemente modifiziert werden soll. Schon sehr früh wurde mit Nachdruck die Ansicht vertreten, daß erst dadurch, vor allem durch eine schriftliche Vorbereitung der mündlichen Verhandlung diese effektiv gestaltet und damit zu einem Mittel werden könne, den Prozeß schnell und richtig zu entscheiden.

Die heutige Reformdiskussion hat dieses Thema aufgegriffen und stark in den Vordergrund gestellt: Beschleunigung des Verfahrens durch Konzentrierung auf e i n e mündliche Verhandlung, dies ermöglicht durch eine intensive schriftliche Vorbereitung. Das Verhältnis von Schriftlichkeit und Mündlichkeit ist damit erneut in den Mittelpunkt der Diskussion geraten.

I. Die geschichtliche Entwicklung des sog. Mündlichkeitsprinzips bis zum Erlaß der CPO

Das sog. Mündlichkeitsprinzip wird auch heute noch zu den Grundsätzen des deutschen Zivilprozeßrechts gezählt (1). Seine eigentliche Bedeutung wird darin gesehen, daß das Gericht bei seiner Entscheidung nur das mündlich Vorgetragene berücksichtigen darf (2); die mündliche Verhandlung gilt dementsprechend als das Kernstück des zivilprozessualen Verfahrens. Auf der anderen Seite wird aber heute betont, daß es sich für das moderne Recht nicht mehr darum handeln könne, das ganze Verfahren nur entweder schriftlich oder mündlich abzuwickeln, sondern daß es vielmehr eine Frage der Zweckmäßigkeit sei, welche Teile man schriftlich, welche man mündlich gestalte (3). Damit ist an

---

1) Lent-Jauernig, Studienbuch, 14. Aufl. 1969, § 27 S. 73 ff; Blomeyer, Zivilprozeßrecht, 1963, § 20 S. 87 ff; Schönke-Kuchinke, Zivilprozeßrecht, 9. Aufl. 1969, § 8 IV. S. 36 ff; Baumbach-Lauterbach, Zivilprozeßordnung, 30. Aufl. 1970, 1 vor § 128, § 128 1-3; Stein-Jonas-Pohle, Kommentar zur Zivilprozeßordnung, 19. Aufl. 1964 ff, A vor § 128; Karl Blomeyer und Wilhelm Meiss, Schriftliches und mündliches Element im Zivilprozeß, Beiträge zum bürgerlichen Recht, 1950 (Landesreferat zum III. internationalen Kongreß für Rechtsvergleichung in London 1950), S. 461 ff (K. Blomeyer, S. 466).

2) Nach Fezer, Die Funktion der mündlichen Verhandlung im Zivilprozeß und im Strafprozeß, Tübingen 1970, hat die Mündlichkeit im Straf- wie im Zivilprozeß noch eine weit grundsätzlichere Bedeutung: der prozessuale Erkenntnisvorgang sei typischerweise dialektisch, er entwickle sich aus den im Prozeß entstehenden Gegensätzen. Der Prozeß als solcher sei als dialektischer Erkenntnisvorgang anzusehen. Die spannungsreichen Beziehungen der Beteiligten könnten aber nur dann den dialektischen Erkenntnisprozeß fördern, wenn sich die Verhandlung mündlich abspiele, aaO. S. 9 ff. Dieser Gedanke ist in der Sache wohl nichts Neues. Fezer umschreibt die Tatsache, daß ein Gespräch und vor allem ein juristisches Gespräch in der Regel ein vorzügliches Mittel zur Klärung eines streitigen Sachverhaltes ist.

3) Rosenberg-Schwab, Zivilprozeßrecht, 10. Aufl. 1969, § 80 I 2 S. 377 f; Lent-Jauernig, § 27 I S. 73; Meiss aaO. S. 494, 498, 499, der aber an anderer Stelle (Besprechung von Kip, Das sog. Mündlichkeitsprinzip, ZZP 66, 239 ff, 240) an der Mündlichkeit als Grundsatz ausdrücklich festhalten will. Im Gegensatz dazu sieht Fezer, aaO. S. 73, in solchen Zweckmäßigkeitserwägungen nur eine Vorstufe zu den Erwägungen über die Funktion der mündlichen Verhandlung in einem prozessualen Erkenntnisprozeß.

die Stelle der ursprünglich sehr doktrinären eine mehr pragmatische Betrachtungsweise getreten, so daß der heutige Rechtszustand gegenüber der ursprünglichen Fassung der Zivilprozeßordnung aus dem Jahre 1877 sehr verändert ist. Die geschichtliche Einführung wird die Wandlungen des Mündlichkeitsprinzips deutlich machen.

Im gemeinen Prozeß vor dem Inkrafttreten der reichseinheitlichen Zivilprozeßordnung von 1877 galt das Prinzip der Schriftlichkeit, d. h. alle Prozeßhandlungen mußten, um wirksam zu sein, entweder schriftlich vorgenommen, oder, falls mündlich abgegeben, durch Gerichtsprotokoll festgestellt werden. Ein mündlicher Vortrag war also nicht gänzlich ausgeschlossen, er mußte aber protokolliert werden; das n u r mündlich Vorgebrachte war prozessual unbeachtlich (4). Dem Richter oblag die Verpflichtung zur Sammlung der Prozeßakten in chronologischer Reihenfolge (5). Schriftlichkeitsprinzip bedeutete nun, daß nur das schriftlich Festgehaltene bei der Entscheidung berücksichtigt werden durfte. Dieses Prinzip ergab sich aus dem Grundsatz "quod non est in actis, non est in mundo" (6). Der Unterschied zwischen Schriftlichkeits- und Mündlichkeitsprinzip bedeutet also – jedenfalls in der Theorie –, daß im einen Fall nur das schriftlich Festgehaltene, im anderen nur das mündlich Gesprochene Urteilsgrundlage sein kann. Schriftlichkeitsprinzip bedeutet deshalb nicht notwendig, daß jede mündliche Verhandlung fehlen muß. Eng im Zusammenhang mit der Mündlichkeit steht der Grundsatz der Unmittelbarkeit (7). Man kann darunter ganz allgemein die Unmittelbarkeit des Verkehrs zwischen Par-

---

4) Kip, Das sogenannte Mündlichkeitsprinzip, 1952, S. 21.

5) Renaud, Lehrbuch des Gemeinen deutschen Civilprozeßrechts, 2. Aufl. 1873, S. 205.

6) Kip, aa). S. 21.

7) Kip, aaO. S. 23, S. 65 meint, diese Verbindung sei nicht notwendig, weil auch bei einem schriftlichen Verfahren die erkennenden Richter selbst den von den Parteien schriftlich niedergelegten Streitstoff entgegen nehmen können. M.E. ist bei dieser Interpretation der Grundsatz der Unmittelbarkeit nahezu völlig inhaltsleer. S. dazu aber auch K. Blomeyer, aaO. S. 463, der ebenfalls auf die Unterscheidung von Mündlichkeit und Unmittelbarkeit ausdrücklich Wert legt.

teien und Gericht und, darüber hinaus, auch die Abwicklung der Beweisaufnahme vor dem erkennenden Gericht verstehen. In diesem letztgenannten Zusammenhang ist der Grundsatz der Unmittelbarkeit von besonders großer Bedeutung, worauf wir später zurückkommen werden.

Der gemeine Prozeß war berüchtigt wegen der hier üblichen Verschleppung der Prozesse. Man machte dafür nicht zuletzt das Schriftlichkeitsprinzip verantwortlich. Vom Boden dieser Auffassung aus lag es nahe, alles Heil von der Einführung der Mündlichkeit zu erwarten. Ein Beispiel bot der französische Prozeß. Hier war die Mündlichkeit des Verfahrens niemals so entschieden zu Gunsten der Schriftlichkeit abgeschafft worden wie in Deutschland. Der code de procedure civile vom Jahre 1806, der auf der Ordonnance civile du mois d'avril 1667 Ludwigs XIV. aufbaute, sah dann zwar in Einzelfällen ein schriftliches Verfahren vor (art. 95 ff), im allgemeinen wurde aber auf Grund einer mündlichen Verhandlung entschieden, nach dem die Parteien ihre mündlichen Vorträge gehalten hatten (art. 85 ff). Eine Protokollierung des Parteivorbringens war nicht vorgesehen. Immerhin bestand auch hier die Möglichkeit, daß das Gericht die Vorlage des Schriftwechsels der Parteien vor der Urteilsfällung anordnen und diesen dabei berücksichtigen konnte (Art. 93) (8). Der Satz "quod non est in actis, non est in mundo" galt also nicht. Diese französische Regelung wurde in den von Frankreich annektierten Teilen Deutschlands, vor allem also in den linksrheinischen Gebieten eingeführt und galt hier bis zum Erlaß der ZPO. Sie genoß in Deutschland ein verhältnismäßig großes Ansehen, weil man der Auffassung war, die Mündlichkeit der Verfahren bedinge deren rasche Erledigung. Dabei mag freilich, worauf Kip zutreffend hinweist (9), insoweit ein Trugschluß unterlaufen sein, als man nur das eigentliche mündliche Verfahren im Auge hatte, das häufig langwierige, außergerichtliche Vorverfahren (art. 81) aber unberücksichtigt ließ.

Der Glaube an die Beschleunigung des Verfahrens durch Beseitigung des Schriftlichkeitsprinzips verband sich in der ersten Hälfte des 19. Jahrhunderts

---

8) Diese Regelung wurde im Jahre 1935 aufgehoben.

9) a.a.O. S. 28.

mit politischen Motiven (10) und führte zu einer entschiedenen Überschätzung des Wertes des Mündlichkeitsprinzips, in dem man eine Art Allheilmittel gegen alle oder durch die meisten prozessualen Mißstände sah. Das hauptsächliche politische Motiv war die Forderung nach Öffentlichkeit der Gerichtsverfahren (11). Im gemeinen Prozeß waren Straf- und Zivilprozeß nicht öffentlich gewesen. Es lag auf der Hand, daß daraus ein erhebliches und in manchen Fällen sicher nicht unberechtigtes Mißtrauen in die Rechtspflege resultierte, der man unsachliche Beeinflussungen zutraute und unterstellte.

Öffentlichkeit des Verfahrens ist nun zwar nicht logisch zwingend, wohl aber aus praktischen Gründen an die Mündlichkeit des Verfahrens gebunden (11a). Im Strafprozeß war das Verlangen nach Öffentlichkeit naturgemäß von größerem politischen Gewicht als im Zivilprozeß. Dies hinderte aber nicht, daß die Forderung nach einer Kontrolle der richterlichen Tätigkeit durch die Allgemeinheit auch auf den Zivilprozeß erstreckt wurde (12). Öffentlichkeit und damit Mündlichkeit aller gerichtlichen Verfahren wurde zum politischen Programm. So nahm die deutsche Nationalversammlung am 28. XII. 1848 Mündlichkeit und Öffentlichkeit in das Gesetz über die Grundrechte auf (§ 45); ebenso verfuhr man im Jahre 1849 beim Erlaß der Reichsverfassung (§ 178). In der Praxis der Ländergesetzgebungen blieb es dagegen bei einer bloßen Auflockerung des Schriftlichkeitsprinzips, das entgegen der französischen Regelung insoweit in Geltung blieb, als die allein maßgebende Urteilsgrundlage schriftlich war: alles Parteivorbringen mußte protokolliert werden (13).

Unter den Ländergesetzgebungen verdient besondere Hervorhebung die Allgemeine bürgerliche Prozeß-Ordnung für das Königreich Hannover aus dem Jahre 1850, die auf Leonhardt, den späteren preußischen Justizminister, zurückging.

---

10) S. K. Blomeyer aaO. S. 462.

11) Feuerbach, Über Öffentlichkeit und Mündlichkeit gerichtlicher Verhandlungen, 1821.

11a) Nach Fezer, aaO. S. 37 gehören beide notwendig zusammen.

12) Vgl. Mittermaier, AcP 2, 169 ff u. 3, 222 ff.

13) Zu den Einzelheiten vgl. Kip, aaO. S. 38 f.

Hier wurde die mündliche Verhandlung vor dem erkennenden Gericht als einzige Erkenntnisquelle angesehen; der Gedanke der Mündlichkeit war eng mit dem der Unmittelbarkeit verbunden. Daraus ergab sich die Notwendigkeit, die mündliche Verhandlung, auch wenn sie in mehrere äußerlich getrennte Termine zerfiel, als Einheit anzusehen, eine Regelung, die auch heute noch im deutschen Zivilprozeßrecht gilt (14). Im Gegensatz zur heutigen Prozeßordnung wurden im hannoverschen Verfahren allerdings zwei Verhandlungsabschnitte mit verschiedenen Aufgaben unterschieden. Im ersten wurde über den Streitstoff verhandelt, er wurde dann mit einem Beweisurteil abgeschlossen. Daran schloß sich das Beweisverfahren an. Für die Beweisaufnahme selbst galt das Mündlichkeitsprinzip ebensowenig wie das Unmittelbarkeitsprinzip. Trotz Geltung des Mündlichkeitsprinzips im ersten Verfahrensabschnitt war die Protokollierung des Parteivorbringens vorgesehen – angesichts mehrerer Termine eine unvermeidliche Maßnahme.

Vor der Reichsgründung im Jahre 1871 kam es nicht mehr zu einer einheitlichen Zivilprozeßordnung in Deutschland. Der Entwurf einer allgemeinen deutschen Zivilprozeßordnung, den eine aus Vertretern der Einzelstaaten (ohne Preußen) gebildete Kommission 1864 ausgearbeitet hatte, kam infolge der politischen Ereignisse (Auflösung des Deutschen Bundes) nicht mehr zur Verabschiedung. Dieser Entwurf hatte sich an die von Leonhardt entworfene Regelung angeschlossen, es war also das modifizierte Mündlichkeitsprinzip vorgesehen, für Ausnahmefälle ein schriftliches Verfahren mit mündlicher Verhandlung als Abschluß.

Ein nach Auflösung des Deutschen Bundes unter Vorsitz von Leonhardt, der inzwischen preußischer Justizminister geworden war, ausgearbeiteter Entwurf für den norddeutschen Bund sollte durch Abschwächung der Vorschriften über die Protokollierung dem Mündlichkeitsprinzip zu verstärkter Geltung verhelfen. Er wurde ebenfalls nicht Gesetz.

---

14) Rosenberg-Schwab, § 81 IV. S. 387 f.

Nach der Reichsgründung wurde 1871 eine neue Kommission, wiederum unter dem Vorsitz Leonhardts gebildet, die 1872 einen Entwurf veröffentlichte. Nach erheblichen Abänderungen durch Kommissionen des Bundesrates und des Reichstages wurde die Civilprozeßordnung für das Deutsche Reich am 21. XII. 1876 vom Reichstag angenommen und am 30. I. 1877 verkündet. Hier wurde das Mündlichkeitsprinzip mit Entschiedenheit durchgeführt. Dies soll nun im einzelnen dargestellt werden; es wird sich anschließen die Bewährung dieser Regelung in der Praxis der Gerichte und die Abänderungen durch mehrere Novellen. Damit kommen wir dann zum heutigen Rechtszustand und zu den gegenwärtig in der Diskussion befindlichen Reformvorschlägen hinsichtlich der Einschränkung der Mündlichkeit.

II. Die Konzeption des Gesetzgebers der CPO

Die Grundkonzeption des Gesetzgebers der Civilprozeßordnung war, daß die Parteien vor ein unbefangenes Gericht treten sollten. Dieses sollte nicht durch ein richterliches Referat über den Sach- und Streitstand informiert werden, sondern durch den Vortrag der Parteien in der mündlichen Verhandlung (§ 119 CPO) (15). Diese sollte mit der mündlichen Stellung der schriftlichen Klageanträge beginnen und dann durch den Vortrag in freier Rede fortgesetzt werden (§128). Eine Bezugnahme auf Schriftstücke statt mündlicher Verhandlung war unzulässig (§ 128 III). Bis zum Schluß der mündlichen Verhandlung sollte das Vorbringen neuer Tatsachen möglich sein (§ 251). Es galt also das Prinzip der sog. Einheit der mündlichen Verhandlung. In der hannoverschen Prozeßordnung war dieser Grundsatz ausdrücklich verankert. Der Gesetzgeber der CPO lehnte dies als zu doktrinär ab, ohne damit einen sachlichen Unterschied machen zu wollen (16). Die schriftlichen Parteianträge (vor allen die Klage) sollten die mündliche Verhandlung nur vorbereiten, ihren geordneten Verlauf gewährleisten. Auch sie wurden nur durch den mündlichen Vortrag entscheidungserheblich.

Es erhebt sich die Frage, ob nicht durch die ja in jedem Falle notwendigen bestimmenden Schriftsätze die Unbefangenheit des Gerichts beeinträchtigt wird. Die gegenteilige Annahme ist sicherlich nur theoretisch richtig, weil die Klage begründet werden muß (§ 230 II., heute § 253 II.). Wie weit diese Begründung im einzelnen gehen muß, war lange Zeit sehr umstritten. In der Zeit

15) Hahn, Materialien zur Civilprozeßordnung, 2. Aufl. 1881, S. 121.

16) Hahn, aaO. S. 129. Die Einheit der mündlichen Verhandlung ergibt sich im übrigen aus dem Wortlaut der §§ 278 I u. 283 I (§§ 251 u. 256 a.F.). Neuerdings hat Fezer, aaO. S. 113 f, keinesfalls zu Unrecht darauf hingewiesen, daß dieser Grundsatz der Wahrheitfindung denkbar ungünstig sei, weil er verhindere, daß ein einheitlicher Lebensvorgang geschlossen erörtert werden könne und auch dazu führe, daß das Urteil weitgehend auf der Grundlage der schriftlichen Fixierung des Prozeßstoffes ergehe.

nach dem Erlaß der CPO galt zunächst die sog. Individualisierungstheorie (17). Man verlangte und hielt es für ausreichend, wenn das Rechtsverhältnis, aus dem geklagt wurde, juristisch bezeichnet wurde. Ohne Tatsachenvortrag war aber auch das nicht möglich, galten als Klagegrund doch die Tatsachen, die geeignet sind, den erhobenen Anspruch durch den Beklagten verletzt erscheinen zu lassen (18). Völlig unbefangen konnte das Gericht also gar nicht sein. Diese äußerste Konsequenz des Mündlichkeitsgrundsatzes kann nur erreicht werden, wenn man der französischen Regelung folgend dem Gericht jede Art von vorbereitendem Schriftwechsel, jedenfalls bis zum Beginn der mündlichen Verhandlung, vorenthält und auch auf eine schriftliche Klageerhebung verzichtet. Die Unzweckmäßigkeit einer solchen Regelung liegt auf der Hand.

Von Bedeutung ist noch die Regelung der vorbereitenden Schriftsätze in der ursprünglichen Fassung der CPO. So sollte in Anwaltsprozessen die mündliche Verhandlung durch Schriftsätze vorbereitet werden (§ 120). Deren Inhalt wurde aber nur durch Vortrag in der mündlichen Verhandlung entscheidungserheblich. Wichtig war, daß § 120 2. HS ausdrücklich bestimmte, die Nichtbeachtung der Vorschrift (vorbereitende Schriftsätze zu wechseln) habe keine Rechtsnachteile zur Folge. Es wird sich zeigen, daß hier besonders große Veränderungen erfolgten.

Das Mündlichkeitsprinzip (in dem dargestellten Sinn einer obligatorischen mündlichen Verhandlung) wurde begrenzt auf die Verhandlung der Parteien vor dem erkennenden Gericht. Es beherrschte also nicht das ganze Verfahren schlechthin. Dies gilt vor allem für die Beweisaufnahme. Hierzu wird in der Begründung ausgeführt (19), die Beweisaufnahme, vor allem die Vernehmung von Zeugen und Sachverständigen, sei ein Akt, der sich zwischen Richter und einer anderen Person vollziehe, nicht aber eine Parteiverhandlung. Es wird

17) Vgl. dazu Lent-Jauernig, § 37 II 4 S. 109.

18) Begründung zu § 230, Hahn aaO. S. 255.

19) Hahn, aaO. S. 124 f. Vgl. dazu Fezer, aaO. S. 102.

dann aber eingeräumt, daß schwerwiegende, sachliche Gründe dafür sprechen, die Beweisaufnahme, besonders die erwähnten Vernehmungen, vor den zur Entscheidung des Rechtsstreits berufenen Richtern durchzuführen (20). Bei der Begründung zu § 320 CPO findet sich die Präzisierung dieser sachlichen Gründe: es seien die Grundsätze der Unmittelbarkeit und der freien Beweiswürdigung, die die Durchführung der Beweisaufnahme vor dem erkennenden Gericht gebieten (21). In der Tat sind damit die für die Beweisaufnahme entscheidenden Punkte hervorgehoben: es kommt darauf an, daß das Gericht Zeugen und Sachverständige hört, von ihnen einen persönlichen Eindruck gewinnt, der für die Bewertung ihrer Ausführungen von Bedeutung sein kann, und daß es sofort die Möglichkeit hat, durch geeignete Fragen Unklarheiten der Aussagen aufzuhellen. Insoweit dient die Unmittelbarkeit der Beweisaufnahme zugleich der Prozeßbeschleunigung. Bei der Beweisaufnahme ist es also so, daß die Mündlichkeit bei Zeugenvernehmung und Erstattung von Sachverständigengutachten eine Konsequenz des Erfordernisses der Unmittelbarkeit ist. Es wird deutlich, wie eng Unmittelbarkeit und Mündlichkeit miteinander verknüpft sind. Leonhardt (22) hat beide Grundsätze weitgehend gleichgesetzt. Wir werden später sehen, daß heute auch der Grundsatz der Unmittelbarkeit in großem Umfange durchbrochen ist.

---

20) AaO. S. 124 f.

21) AaO. S. 304.

22) Die bürgerliche Process-Ordnung, Justizgesetzgebung des Königsreichs Hannover, 3. Aufl. 1861, S. 79.

III. Die Reform der CPO – Modifizierungen der reinen Mündlichkeit

Der Streit um das Mündlichkeitsprinzip ist in Deutschland durch die ZPO nicht beendet worden. Im Jahre 1885 veröffentlichte der Reichsgerichtsrat Otto Bähr die Ergebnisse einer von ihm bei praktischen Juristen veranstalteten Umfrage (23). Er warf dem auf Grund der neuerlassenen Zivilprozeßordnung praktizierten Prozeß vor, er leide in erster Linie daran, daß der Wechsel der Schriftsätze als nebensächlich behandelt werde und daß das Gericht diese nicht ausreichend berücksichtigen könne. Es sei dem gegenüber erforderlich, die Grundlagen des Verfahrens schriftlich festzulegen. Diese Abhandlung Bährs fand Widerspruch. Der bedeutendste Widersacher war Adolf Wach (24), der sich zwar gegen manche Auswirkungen des unbedingten Mündlichkeitsgrundsatzes wandte (wie etwa das Verlesen von Beweisurkunden), an dem Grundsatz als solchem aber festhalten wollte.

Unzuträglichkeiten ergaben sich vor allem auch im Rheinland, wo die französische Regelung auch die Prozeßpraxis unter der Geltung der CPO beeinflußte. Hier konnte der Geschäftsbetrieb der Gerichte den infolge der Industrialisierung vermehrten Anfall von Prozessen kaum noch bewältigen. Dies hing gerade auch mit der strikten Beibehaltung des reinen Mündlichkeitsprinzips zusammen. Dieses führte dazu, daß an jedem Sitzungstage nur wenige Prozesse verhandelt werden konnten, der Rest mußte vertagt werden. Er hatte weiter eine völlig ungleichmäßige Belastung der Rechtsanwälte zur Folge. Da der mündliche Vortrag durch die Anwälte von großer Bedeutung für den Ausgang des Prozesses war, legten die Parteien größten Wert auf bestimmte einzelne Rechtsanwälte, die dann natürlich entsprechend überlastet waren. Dies führte wiederum zu langen Wartezeiten, die auch zu Lasten der anderen Partei

---

23) Der deutsche Civilprozeß in praktischer Betätigung, Ihrings J. 23, 339 ff.

24) Die Civilprozeßordnung und die Praxis (1886); Eine civilprozessualische Enquete, ZZP 10, 181 ff (zusammen mit Weismann).

gingen (24a). Hier wird deutlich, daß das reine Mündlichkeitsprinzip aus Gründen zur Prozeßverschleppung führen kann, die der Gesetzgeber bei der Einführung dieses Grundsatzes nicht gesehen hat.

Der Streit ging dann auch weiter und führte im Ergebnis dazu, daß man sich zwar nach wie vor zur Mündlichkeit bekannte, diese aber als eine Frage der Zweckmäßigkeit ansah, von dem starren Denken in Prinzipien also abkam. Durch die Prozeßnovellen von 1909, 1924 und 1933 wurde dann der Mündlichkeitsgrundsatz auch gesetzlich abgemildert.

Die Abänderungen betrafen zunächst die schriftliche Vorbereitung des Verfahrens. Die Vorbereitung der mündlichen Verhandlung durch Schriftsätze war auch in der ursprünglichen Fassung der CPO vorgesehen (§§ 120, 230, 479, 515). Es wurde schon hervorgehoben, daß die Einrichtung der bestimmenden Schriftsätze (Klage und Rechtsmittelschriften) nicht nur eine äußerlich-technische Bedeutung hatte (25), sondern das Prinzip der Mündlichkeit bereits insoweit eingeschränkt hatte, als das Gericht durch diese Schriftsätze bereits vor der mündlichen Verhandlung über den Sach- und Streitstand unterrichtet wird. Die Vorbereitung der mündlichen Verhandlung durch weitere Schriftsätze war zwar möglich (§ 120); es war jedoch ausdrücklich bestimmt, daß bei Nichtausnutzung dieser Möglichkeit keine Rechtsnachteile entstehen können (§ 120 2 HS). Die Novelle von 1933 hat diese Bestimmung (im Jahre 1933 § 129 Abs. I S. 2) gestrichen und § 279 (§ 252a F) um einen zweiten Absatz ergänzt: Angriffs- und Verteidigungsmittel, deren Zulassung die Erledigung des Rechtsstreites verzögern würde, können nunmehr auch dann zurückgewiesen werden, wenn sie aus Verschleppungsabsicht oder grober Nachlässigkeit nicht rechtzeitig durch vorbereitenden Schriftsatz mitgeteilt worden sind.

24a) Dazu Helga Huffmann, Geschichte der rheinischen Rechtsanwaltschaft, Köln und Wien 1969, S. 144 f.

25) So Kip, a.a.O. S. 74.

Eine weitere, echte Durchbrechung des Mündlichkeitsgrundsatzes dahingehend, daß auch nur schriftlich Vorgebrachtes Urteilsgrundlage wird, hat die Novelle von 1924 mit der Einführung des § 272a gebracht. Dadurch wird der Partei, der ein tatsächliches Vorbringen des Gegners vor dem Termin nicht rechtzeitig mitgeteilt worden ist, so daß sie sich im Termin noch nicht dazu erklären kann, auf Antrag eine Frist gegeben, innerhalb derer sie ihre Entgegnung vorbringen kann. Diese Erklärung geschieht dann in der Form eines Schriftsatzes, dessen Inhalt das Gericht berücksichtigen kann, auch ohne daß es noch einmal zu einer mündlichen Verhandlung kommt. Die Folge der nicht rechtzeitigen Ankündigung des beabsichtigten Vorbringens führt also dazu, daß die säumige Partei dem Gegner das letzte Wort überläßt (26).Aus diesen Gesetzesänderungen ergibt sich also, daß die schriftliche Vorbereitung des Prozesses in der heutigen Fassung der ZPO genau entgegengesetzt bewertet wird wie in der ursprünglichen. Man kann sagen, daß heute kaum Tatsachen mündlich vorgetragen werden, die nicht schon vorher dem Gericht auf schriftlichem Wege bekannt geworden sind.

Der Gesetzgeber von 1909 und 1924 hat daraus im Interesse der Prozeßbeschleunigung die Konsequenz gezogen und zuerst, 1909, nur dem Amtsgericht und später, 1923 und 1924, auch dem Landgericht und Oberlandesgericht die Möglichkeit eingeräumt, schon vor dem Beginn der mündlichen Verhandlung bestimmte Maßnahmen zu ergreifen: es kann eine Ergänzung der Schriftsätze (§ 272b Ziff. 1) und auch die Einnahme eines Augenscheins oder eine Begutachtung durch Sachverständige anordnen (§ 272b Ziff. 5) (27) und dies, obwohl vor dem Beginn der mündlichen Verhandlung ja noch gar nicht feststeht, ob der Tatsachenvortrag in den Schriftsätzen wirklich Urteilsgrundlage ist. Wir werden später sehen, daß in der heutigen Reformdiskussion die Ausdehnung dieser Durchbrechung des Mündlichkeitsgrundsatzes eine große Rolle spielt.

---

26) Stein-Jonas-Pohle, § 272a I 1.

27) Darin liegt eine Durchbrechung der Verhandlungsmaxime, die ursprünglich zum Inhalt hatte, daß nur die Parteien die Beweismittel benennen konnten. Zu den Einzelheiten Baur, Die Vorbereitung der mündlichen Verhandlung im Zivilprozeß (§ 272b ZPO), ZZP 66, 209 ff.

Eine wichtige Frage war angesichts der Möglichkeit vorbereitender Schriftsätze von vornherein, ob tatsächlich alles in den Schriftsätzen Vorgetragene in der mündlichen Verhandlung erneut vorgetragen werden muß. Theoretisch war diese Frage nach dem Mündlichkeitsprinzip ohne weiteres zu bejahen. § 128 III a.F. bestimmte auch ausdrücklich, daß eine Bezugnahme statt mündlicher Verhandlung unzulässig sei. In der Praxis gab es hier aber von vornherein Schwierigkeiten. Da nur das mündlich Vorgetragene Urteilsgrundlage sein konnte, hielten sich die Rechtsanwälte aus Vorsicht an ihre Schriftsätze, so daß deren Verlesung an die Stelle der von § 128 II geforderten freien Rede trat. Dies wurde mit Recht als untragbar empfunden. Man suchte deshalb nach einem Ausweg, um die Verlesung zu vermeiden. Da die ausdrückliche Bezugnahme nach der gesetzlichen Regelung unmöglich war, ließ man die Schriftsätze als vorgetragen gelten (28). Daneben versuchte man auch, eine ausdrückliche Bezugnahme durch § 267 a.F. (heute § 295) zu heilen. Das Reichsgericht ließ diesen Ausweg jedoch nicht zu und erklärte die Einhaltung der Mündlichkeit für unverzichtbar (29). Diese Rechtsprechung führte dazu, daß der Grundsatz der Mündlichkeit in revisiblen Sachen zwar noch beachtet wurde, in anderen jedoch meistens nicht (30).

Der Gesetzgeber konnte sich in dieser Frage dem Bedürfnis nach einer Reform des Gesetzes nicht verschließen. Die Novellen von 1909 und 1924 führten die Möglichkeit der Bezugnahme ein. Zuerst, 1909, wurde im Amtsgerichtsprozeß die Bezugnahme auf Schriftsätze für zulässig erklärt. Im Landgerichtsprozeß wurde diese Möglichkeit zunächst auf Anträge beschränkt (§ 297 IV). 1924 wurde die Bezugnahme dann auch im Landgerichtsprozeß auf Schriftsätze ausgedehnt (§ 137 III). Diese Gesetzesänderungen bedeuteten den schwerwiegendsten Eingriff in das Mündlichkeitsprinzip seit dem Erlaß der ZPO. Sie haben dazu geführt, daß in der Praxis, vor allem in der erstinstanzlichen Verhandlung vor dem Landgericht, die mündliche Verhandlung in der Regel auf die Bezugnahmen auf Anträge und Schriftsätze beschränkt ist. Es ist die An-

---

28) Kip, a.a.O. S. 81 f.

29) RGZ 4, 379.

30) Kip, a.a.O. S. 82 m.w. Nachweisen.

sicht vertreten worden, daß dadurch die mündliche Verhandlung zur leeren Form geworden sei (31). Dem ist völlig mit Recht widersprochen worden (32): die mündliche Verhandlung behält Sinn und Bedeutung, weil die Parteien und ihre Anwälte am mündlichen Plädoyer nicht gehindert werden können; sie können also auch mündlich vortragen, sie müssen es lediglich nicht, wenn die Bezugnahme ausreicht. Wichtig ist vor allem auch, daß die mündliche Verhandlung jederzeit durch Ausübung des richterlichen Fragerechts (§ 139) praktische Bedeutung erlangen kann. Die mündliche Verhandlung bietet dafür wesentlich bessere Möglichkeiten als ein schriftliches Verfahren.

31) Nikisch, Lehrbuch, § 75 II 2. Vgl. auch Fezer, a.a.O. S. 135 ff.

32) Blomeyer, a.a.O. § 53 II 2 S. 256.

IV. Der heutige Rechtszustand; das schriftliche Verfahren nach § 128 II ZPO

Man kann also den heutigen Rechtszustand dahingehend charakterisieren, daß das reine Mündlichkeitsprinzip abgemildert ist einmal dadurch, daß eine intensivere schriftliche Vorbereitung des Verfahrens und der mündlichen Verhandlung obligatorisch ist. Eine Abschwächung liegt weiter in der Möglichkeit der Bezugnahme auf Schriftsätze. Erhalten geblieben ist der Mündlichkeitsgrundsatz aber insoweit, als nur das mündlich Vorgetragene Entscheidungsgrundlage sein darf; die Möglichkeit der Bezugnahme ist in gewissem Sinne auch eine Bestätigung dieses Grundsatzes (33). Keinesfalls ist der Grundsatz der Mündlichkeit durch den der Schriftlichkeit abgelöst worden.

Es kann vorkommen, daß das Gericht gegen den Grundsatz der Mündlichkeit verstößt, indem es entweder über einen nicht mündlich (direkt oder durch Bezugnahme) gestellten Parteiantrag entscheidet oder schriftlichen Tatsachenvortrag berücksichtigt. In jedem Fall liegt ein wesentlicher Verfahrensmangel vor. Nach herrschender Meinung wird ein Urteil dadurch aber nicht nichtig (Scheinurteil), sondern es ist lediglich mit den üblichen Rechtsmitteln anfechtbar (34). Man könnte daran denken, Nichtigkeit des Urteils anzunehmen, wenn noch nicht einmal der Klageantrag mündlich gestellt wurde (Urteil außerhalb eines Verfahrens) (35). Aber dieser Frage kann hier nicht im einzelnen nachgegangen werden.

Eine Heilung der Verstöße gegen den Mündlichkeitsgrundsatz wird heute für möglich angesehen, sei es, daß die Parteien ausdrücklich auf die Befolgung des Grundsatzes verzichten, sei es, daß sie rügelos verhandeln (§ 295). Zur Be-

---

33) So wohl auch K. Blomeyer a.a.O. S. 467 f.

34) Baumbach-Lauterbach § 128 2 E; BGH LM § 128 Nr. 4; Meiss a.a.O. S. 509.

35) Dazu Jauernig, Das fehlerhafte Zivilurteil, S. 150 ff; vgl. auch Schönke-Kuchinke, § 8 IV 4 S. 58.

gründung wird angeführt, aus § 128 II (Möglichkeit, ein schriftliches Verfahren zu vereinbaren) ergebe sich, daß der Grundsatz der Mündlichkeit nur den Parteiinteressen diene (36).

Wir kommen damit zu dem schriftlichen Verfahren des § 128 II. Diese Bestimmung geht zurück auf die EntlastungsVO von 1915 und die BeschleunigungsVO von 1923. Sie wurde 1950 als Abs. II dem § 128 angefügt (37). Dadurch kann das Gericht heute eine Entscheidung (etwa einen Beweisbeschluß oder vor allem auch ein Urteil) fällen ohne mündliche Verhandlung, wenn die Parteien damit einverstanden sind. Voraussetzung ist weiter, daß das Gericht diese Verfahrensweise für angebracht hält (das Gericht "kann"). Dies ist der Fall, wenn die Schriftlichkeit das Verfahren vereinfacht und verkürzt. Die Parteien haben diese Einverständniserklärungen dem Gericht gegenüber abzugeben (38). Sie beziehen sich nur auf die nächste Entscheidung, entweder die Endentscheidung oder eine solche, die diese sachlich und wesentlich vorbereitet. Entscheidungsgrundlage ist der gesamte Akteninhalt, sowohl das nur schriftlich als auch das in einer mündlichen Verhandlung Vorgebrachte.

Das Gericht kann für die Berücksichtigung neuen schriftlichen Vorbringens eine Frist setzen. Wenn dies unterblieben ist, ist der maßgebliche Zeitpunkt die Absendung des Urteils. Das Verfahren nach § 128 II ist nur dann geeignet, der Prozeßbeschleunigung zu dienen, wenn die mündliche Verhandlung lediglich eine Formsache wäre, eine richterliche Aufklärung nach § 139 also nicht nötig ist (39). Da die Praxis hier vielfach zu großzügig verfährt, führt das Ver-

---

36) RGZ 115, 223 (das Reichsgericht hat also seine frühere Rechtsanschauung geändert, s.o. Anm. 23); Baumbach-Lauterbach § 128 E; Schönke-Kuchinke § 8 IV 4 S. 38.

37) Vgl. Stein-Jonas-Pohle § 128 VIII; S. dazu auch K. Blomeyer a.a.O. S. 484 ff.

38) Zur Frage, wie weit die Parteien an diese Erklärungen gebunden sind und unter welchen Voraussetzungen sie diese widerrufen können vgl. Arens, Willensmängel bei Parteihandlungen im Zivilprozeß, S. 48 ff.

39) Nach der Rechtsprechung ist auch nur in solchen Fällen eine Entscheidung im schriftlichen Verfahren zulässig, weil grundsätzlich die mündliche Verhandlung zur Wahrheitsfindung besser geeignet ist, BGH 18, 61.

fahren nach § 128 II häufig zur Prozeßverschleppung. Der Kommissionsbericht für die Änderung der ZPO vom 17. Nov. 1967 sowie der Entwurf der Bundesregierung für die Änderung der ZPO (Beschleunigungsnovelle) schlagen denn auch Änderungen des § 128 II vor: das Gericht soll alsbald nach Zustimmung der Parteien zum schriftlichen Verfahren den Zeitpunkt bestimmen, der dem Schluß der mündlichen Verhandlung entspricht sowie einen Termin zur Verkündung einer Entscheidung festsetzen. Eine Entscheidung ohne mündliche Verhandlung soll unzulässig sein, wenn seit der Zustimmung der Parteien mehr als drei Monate verstrichen sind. Man hofft dadurch der Prozeßverschleppung entgegenzuwirken (40).

Mit dem schriftlichen Verfahren des § 128 II darf die Möglichkeit einer Entscheidung nach Lage der Akten nicht verwechselt werden. Diese Regelung (§§ 251a, 331a), die durch die Novelle von 1924 eingeführt worden ist, soll dazu dienen, das Verfahren auch beim Ausbleiben bzw. Nichtverhandeln einer Partei durch Urteil zu beenden. Es handelt sich also um ein modifiziertes Versäumnisverfahren (41).

---

40) Begründung des Kommissionsberichtes S. 27, des Entwurfes S. 28.

41) S. dazu K. Blomeyer a.a.O. S. 487 ff.

V. Mündlichkeit und Beweisaufnahme

Für die Beweisaufnahme galt das Mündlichkeitsprinzip von vornherein nicht (42). Hier kommt es vielmehr auf die Unmittelbarkeit, also darauf an, daß die Beweisaufnahme vor dem erkennenden Gericht stattfindet (§ 355 I). Dieser Grundsatz konnte schon nach der ursprünglichen Fassung der ZPO im Einzelfall durchbrochen werden: nach § 320 (heute § 355) I 2 kann die Beweisaufnahme in bestimmten Fällen einem Mitglied des Prozeßgerichts (dem sog. beauftragten Richter, § 361, § 326 a.F.) oder einem anderen Gericht übertragen werden (dem sog. ersuchten Richter, § 362, § 327 a.F.). In beiden Fällen liegt eine Durchbrechung der Unmittelbarkeit vor; die Beweisaufnahme erfolgt insoweit auch schriftlich, als dem erkennenden Gericht nur die Protokolle der Zeugenaussagen vorliegen. Gerechtfertigt werden diese Ausnahmen durch praktische Gründe: im Falle des ersuchten Richters etwa durch die Entfernung, in der ein Zeuge vom Prozeßgericht wohnt, so daß seine Vernehmung durch dieses einen zu hohen Aufwand an Kosten und Zeit erfordern würde (§ 375 I Ziff. 3), oder durch Reiseunfähigkeit eines Zeugen (§ 375 I Ziff. 2). Hierhin gehören auch Fälle, in denen die Wahrheitsfindung dadurch gefördert werden kann, daß der Zeuge einem anderen reisebehinderten Zeugen gegenübergestellt wird (§ 375 I Ziff. 1). Der beauftragte Richter ist demgegenüber Mitglied des erkennenden Gerichts, in der Regel der Berichterstatter. Bei den Kollegialgerichten, also Landgericht, Oberlandesgericht und Bundesgerichtshof, wird jede Sache einem Mitglied als Berichterstatter zugewiesen (§ 69 GVG). Dieser führt dann die Beweisaufnahme an Stelle (im Auftrage) des Kollegiums, also des erkennenden Gerichts, durch. Auch diese Regelung hat praktische Gründe, sie ermöglicht eine Entlastung des Kollegiums. Die Durchbrechung der Unmittelbarkeit ist insoweit weniger schwerwiegend als beim ersuchten Richter, als es ja immerhin ein Mitglied des erkennenden Gerichts ist, das den unmittelbaren

42) Vgl. oben Anm. 19, S. auch § 370 I: bei einem Termin vor dem Prozeßgericht schließt sich die Fortsetzung der mündlichen Verhandlung an die Beweisaufnahme an. Nunmehr (nicht während der Beweisaufnahme!) kann gegen eine nicht erscheinende Partei Versäumnisurteil ergehen; vgl. § 367 I, Baumbach-Lauterbach, § 370,1.

Eindruck etwa von der Zeugenaussage gewonnen hat. Die übrigen Mitglieder des Kollegiums sind freilich auf die Protokolle und eventuelle Ergänzungen durch den Berichterstatter angewiesen. Insoweit liegt auch hier ein Moment der Schriftlichkeit vor.

Eine Sonderstellung nimmt der sog. Einzelrichter ein (§§ 348 ff). Diese Einrichtung ist durch die Novelle von 1924 eingeführt worden. Sie sollte der Prozeßbeschleunigung dienen, indem der Einzelrichter durch vorbereitende Tätigkeit die Entscheidung des Prozesses in einem mündlichen Termin ermöglichen sollte. Diese Einrichtung hat sich in der Praxis im allgemeinen nicht bewährt (43), obwohl sie besonders in Süddeutschland sehr verbreitet ist. Die Stellung des Einzelrichters kann nicht mit der des beauftragten Richters verglichen werden: er handelt nicht im Auftrag, sondern an Stelle des Kollegiums. Er ist das erkennende Gericht in diesem Stadium des Verfahrens, das lediglich anders besetzt ist. Er hat, wenn er berufen ist, einen gesetzlich bestimmten Aufgabenkreis, der ihm nicht entzogen werden kann (44). Soweit es sich um die ihm zugewiesenen Funktionen handelt, kann man also weder von einer Durchbrechung der Unmittelbarkeit noch von einer Ausnahme von der Mündlichkeit sprechen. Etwas anderes gilt allerdings dann, wenn das Kollegium die Entscheidung trifft, die der Einzelrichter lediglich vorbereitet hat. Insoweit gilt dann das beim beauftragten Richter zur Unmittelbarkeit Gesagte entsprechend.

Für Ausnahmefälle ist im Gesetz die schriftliche Anhörung von Zeugen vorgesehen, eine Regelung, die durch die Novelle von 1924 eingeführt worden ist (§ 377 III u. IV). Voraussetzung ist einmal, daß der Zeuge die Auskunft an Hand seiner Bücher oder sonstigen Aufzeichnungen zu geben hat (§ 377 Abs. III), oder daß das Gericht mit Rücksicht auf den Inhalt der Beweisfrage eine schriftliche Erklärung für ausreichend erachtet (Abs. IV). In beiden Fäl-

---

43) Baumbach-Lauterbach 1 vor § 348; Meiss a.a.O. S. 514; Baumann-Fezer, Beschleunigung des Zivilprozesses. Eine Synopse der Vorschläge mit kritischen Anmerkungen, Tübingen 1970, S. 43 f.

44) Vgl. Stein-Jonas-Pohle, Anm. II 2 vor § 348; Lent-Jauernig § 7 IV S. 19.

len muß der Zeuge die Richtigkeit der Erklärung eidesstattlich versichern, im letztgenannten Fall müssen außerdem die Parteien mit der Schriftlichkeit der Erklärung einverstanden sein. Diese schriftliche Aussage ist Zeugenaussage, nicht etwa Urkundenbeweis. Das Gericht hat bei der Anordnung nach pflichtgemäßem Ermessen zu handeln; es wird auf der Mündlichkeit beharren, wenn es auf den persönlichen Eindruck ankommt. Eine mündliche Vernehmung kann auch noch nach der Abgabe der schriftlichen Erklärung angeordnet werden (45).

45) Baumbach-Lauterbach, § 377, 3 A.

VI. Der Vorschlag Baurs

Auch in der Gegenwart leidet die Prozeßpraxis unter mangelnder Effektivität der mündlichen Verhandlung und daraus folgend unter eine ungebührlich langen Dauer des Verfahrens. Es fehlt denn auch nicht an Versuchen, die mündliche Verhandlung wirksamer zu gestalten. Große Bedeutung hat für diese Reformbestrebungen ein Vortrag erlangt, den Baur am 13. Oktober 1965 vor der Berliner Juristischen Gesellschaft gehalten hat (46). Baur sieht die Gründe für die allzu lange Dauer des Zivilprozesses einmal darin, daß die Parteien ihre tatsächlichen Behauptungen etappenweise vorbringen, weil für die vorbereitenden Schriftsätze eine zeitliche Begrenzung nicht vorgesehen ist und die Zurückweisung verspäteten Vorbringens nur selten erfolgt, weil Verschleppungsabsicht und grobe Nachlässigkeit (§ 279) schwer nachzuweisen sind (47). Weiter führt er die Trennung von mündlicher Verhandlung und Beweisaufnahme an (48). Auch diese hat ihren Grund in der "tropfenweisen" Information des Gerichts vor der mündlichen Verhandlung, die dem Gericht nicht die Möglichkeit gibt, sich zeitig genug so über den Sach- und Streitstand zu informieren,

---

46) Wege zu einer Konzentration der mündlichen Verhandlung im Prozeß, 1966. S. auch Baur JZ 1969, 482. Baur hat neben Zustimmung auch Ablehnung erfahren. Zustimmend Lauterbach JZ 1967, 137; Plassmann, Universitas 1967, 760; Merkel Anwaltsblatt 1969, S. 275 ff; Putzo, NJW 1966, 1803; Strohm, ZRP 1970, 95 f. Teilw. zustimmend, Nikisch/Fezer, a.a.O. S. 144 ff. Eher ablehnend Diederichsen Fam RZ 1967, 300; Rohs, Der deutsche Rechtspfleger 1966, 284; Stötter, NJW 1968, 521; Vollkommer, ZZP 81, 102. Für erhebliche Differenzierungen auch Redeker/Seliger, ZRP 1969, 108 ff. Grundsätzlich pessimistisch hinsichtlich der Möglichkeit, durch Reformen der Prozeßgesetze zu einer Verkürzung der Prozesse zu gelangen, neuerdings auch Henke, ZZP 83, 125. Schon K. Blomeyer hatte im Jahre 1950 Überlegungen darüber angestellt, wie die mündliche Verhandlung auf dem Wege über die schriftlichen Elemente intensiviert werden könne (a.a.O. S. 479 ff.). Er dachte daran, daß der Vorsitzende, nachdem durch eine mündliche Verhandlung der Sach- und Streitstand so weit wie möglich geklärt ist, das Ergebnis unter Bezeichnung der Beweismittel zu Protokoll festzustellen habe.

47) A.a.O. S. 10.

48) A.a.O. S. 11 f.

daß bereits in der mündlichen Verhandlung ein Beweisbeschluß verkündet werden kann. Überdies scheitert eine sofortige Beweisaufnahme auch daran, daß die Beweismittel in der mündlichen Verhandlung nicht ohne weiteres präsent sind.

Um Abhilfe zu schaffen will Baur mündliche Verhandlung und Beweisaufnahme stets und zwingend in einem Termin zusammenfassen. Um dies zu erreichen, will er ein Vorverfahren vorschalten, das in einem zeitlich begrenzten Schriftsatzwechsel besteht und durch einen Vortermin abgeschlossen wird (49), zu dem die Parteien regelmäßig persönlich zu laden sind, damit sie dort vernommen werden können (50). Dieser Vorschlag orientiert sich nicht am englischen System, sondern am deutschen Strafprozeß, in dem die Strafsachen in einer Hauptverhandlung erledigt werden, nachdem diese durch ein von der Staatsanwaltschaft geführtes Vorverfahren vorbereitet ist (50a). Dieses Vorverfahren kann im Zivilprozeß, angesichts der Verhandlungsmaxime, natürlich nur in der Hand der Parteien liegen, es soll aber durch Gesetz auf einen Zeitraum von 3 Monaten beschränkt sein (51). Baur will weiter durch die Übertragung des Versäumnisverfahrens auf dieses Vorverfahren einen Druck auf die Parteien in Richtung einer erschöpfenden Vorbereitung der mündlichen Verhandlung ausüben (52). Für nicht vorgebrachte Tatsachen sollen außerdem strenge Präklusionsvorschriften gelten (53). Das Vorverfahren soll mit einem Vortermin abgeschlossen werden, in dem über die Frage der Zulässigkeit ver-

---

49) A.a.O. S. 13 ff.

50) A.a.O. S. 20.

50a) Auch Fezer, a.a.O. S. 90 f, stellt die Hauptverhandlung im Strafprozeß, die für die Wahrheitsfindung optimale Voraussetzungen schaffe, der unzulänglichen Regelung der ZPO gegenüber, nach der die mündliche Verhandlung vor allem zum Vortragen und Einführen von Behauptungen und Tatsachen vorgesehen sei und deshalb einen starken "monologischen" Einschlag habe.

51) A.a.O. S. 16.

52) A.a.O. S. 17: Bei Schlüssigkeit der Klage soll gegen den mit der Klagebeantwortung säumigen Beklagten Versäumnisurteil ergehen.

53) A.a.O. S. 17.

handelt und entschieden, das in den Schriftsätzen vorgebrachte Tatsachenmaterial gegliedert und gesichtet und schließlich auf dieser Basis mit den Parteien ein Vergleichsgespräch geführt werden soll (54). Wenn dieses scheitert und der Prozeß nicht durch Versäumnis-, Anerkenntnis- oder Verzichtsurteil abgeschlossen wird, soll das Gericht den Vortermin mit einem Beweisbeschluß beenden und sofort Termin zur mündlichen Verhandlung und Beweisaufnahme anordnen (55). Die mündliche Verhandlung soll dann der des Strafprozesses gleichen. In ihrem Mittelpunkt soll die Beweisaufnahme stehen, die in einem Zug durchgeführt wird (56). Eine Unterbrechung oder Vertagung der Verhandlung soll ebenso wie im Strafprozeß grundsätzlich ausgeschlossen sein. Werde sie ausnahmeweise nötig, müsse der Termin einschließlich der Beweisaufnahme wiederholt werden, wenn die Fortsetzung nicht innerhalb von 10 Tagen erfolgt (57) (so § 229 StPO). Diese Regelung macht um den Preis des obligatorischen Vorverfahrens die mündliche Verhandlung wieder zum Mittelpunkt des Verfahrens. Sie stellt weiter vor allem auch die Unmittelbarkeit der Beweisaufnahme wieder her, die ja in der mündlichen Verhandlung, also vor dem erkennenden Gericht stattfinden soll.

---

54) A.a.O. S. 19 ff.

55) A.a.O. S. 21.

56) A.a.O. S. 21.

57) A.a.O. S. 27.

VII. Das Stuttgarter Modell

Schon vor einer Gesetzesänderung ist dieser Vorschlag Baurs Grundlage für praktische Versuche geworden. Die am 1. I. 1967 neu eingerichtete 20. Zivilkammer des Landgerichts Stuttgart unter dem Vorsitz des Landgerichtsdirektors Bender hat auf dieser Basis ein neues Verfahren (das sog. Stuttgarter Modell) entwickelt (58). Dieses hat von den Vorschlägen Baurs die etwa 8-10 wöchentliche Vorbereitung der mündlichen Verhandlung durch einen Schriftwechsel der Parteien übernommen, in dessen Verlauf auch bereits Zeugen und Sachverständige zur Beweisaufnahme in der mündlichen Verhandlung geladen werden können (59). An die Stelle des Vortermins ist allerdings ca. 14 Tage vor der mündlichen Verhandlung eine Vorberatung der Kammer getreten (60). In der mündlichen Verhandlung wird nach dem Scheitern eines Vergleichsgesprächs der Beweisbeschluß verkündet. Dann werden sofort die vorsorglich geladenen Zeugen und Sachverständigen vernommen. Nach der Beweisaufnahme macht die Kammer gegebenenfalls einen neuen Vergleichsvorschlag. Andernfalls begründet der Vorsitzende, warum die Kammer die Klage für begründet oder unbegründet hält. Daran schließen sich die Plädoyers der Anwälte an, die schon auf die Auffassung der Kammer Bezug nehmen können und dieser Gelegenheit zur Überprüfung der eigenen Standpunkte geben (61). Die Kammer kann dann erneut beraten und entweder ein Urteil erlassen (in mehr als 80% der Fälle, Zahlenmaterial in dem angegebenen Aufsatz von Bender) oder

58) Ein Bericht darüber von Bender in der DRiZ 1968, 163 ff. und Zeitschrift für Rechtspolitik 1969, S. 58 ff. In Stuttgart sind inzwischen zwei weitere "Schnellkammern" eingerichtet worden. Regensburg, Weiden, Augsburg, Bremen und Hamburg haben sich diesem Beispiel angeschlossen, Bender, Zeitschrift für Rechtspolitik, 1969, 59; Henke a.a.O. S. 131.

59) A.a.O. S. 64.

60) A.a.O. S. 164.

61) Bender (a.a.O. S. 164) bemerkt, daß sie – nachdem die Kammer ihren eigenen Rechtsstandpunkt dargelegt hat – den Charakter einer Berufungsbegründung annehmen.

einen zweiten Termin für eine erneute Beweisaufnahme und mündliche Verhandlung festsetzen, auf Grund dessen dann so gut wie alle Verfahren durch Urteil abgeschlossen werden können. Dieses Verfahren bringt nach den bisher gemachten Erfahrungen eine Zeitersparnis von 60-80% (62). Es wird damit deutlich, daß das Mündlichkeitsprinzip, wenn es wirksam und mehr als eine Formalität sein soll, mit einer gründlichen schriftlichen Vorbereitung der mündlichen Verhandlung verbunden sein muß. Es zeigt sich also, daß die Ansicht zutreffend ist, daß es für ein modernes Prozeßrecht nicht auf die reine Durchführung von Mündlichkeit- oder Schriftlichkeitsprinzip, sondern darauf ankommt, beide auf möglichst zweckentsprechende Weise voneinander abzugrenzen.

62) Man muß allerdings dabei berücksichtigen, daß die neu gebildete Stuttgarter Kammer ihre Tätigkeit aufnehmen konnte, ohne durch Rückstände behindert zu sein. Dieser Umstand hat sicher sehr wesentlich zum Gelingen des Stuttgarter Modells beigetragen. S. dazu Henke, a.a.O. S. 166 f.

VIII. Die Beschleunigungsnovelle

Einen neuen Versuch in dieser Richtung stellt der von der Bundesregierung beschlossene Entwurf eines Gesetzes zur Änderung der Zivilprozeßordnung (die "Beschleunigungsnovelle") dar (63).

Die Begründung dieses Entwurfes sieht, in voller Übereinstimmung mit Baur, die Mängel des geltenden Prozeßrechts darin, daß der Sach- und Streitstand dem Gericht nicht rechtzeitig unterbreitet wird, sondern sich in einem monatelangen Verfahren erst allmählich herausschält (64). Die bisherigen Präklusionsvorschriften (§§ 279, 283.IV) werden als unzulänglich angesehen.

Der Entwurf stimmt mit Baur auch darin überein, daß eine Konzentration der mündlichen Verhandlung nur dadurch zu erreichen ist, daß der Prozeßstoff dem Gericht zu einem möglichst frühen Stadium des Verfahrens vollständig vorliegt (65). Er sieht aber, anders als Baur, je nach der Art der Sache, zwei mögliche Wege, dieses Ziel zu erreichen: Einmal Baur und dem Stuttgarter Modell folgend, in der Durchführung eines schriftlichen Vorverfahrens (§ 261a des Entwurfes). Zum anderen aber gerade entgegengesetzt in der möglichst frühzeitigen Anberaumung des ersten Verhandlungstermins (§ 260a des Entwurfes) (66). B e i d e Wege sollen in Zukunft zur Verfügung stehen, der letztgenannte dann, wenn der Prozeß so umfangreich ist, daß ein schriftliches Vorverfahren nicht straff geführt werden kann und zur Unübersichtlichkeit führt. Hier wird ein früher erster Termin für zweckmäßig gehalten, um den entscheidungserheblichen Streitstoff zu besprechen und sinnvoll einzugrenzen. Das schriftliche Vorverfahren wird demgegenüber für geeignet angesehen,

---

63) Dazu Deubner, ZZP 82, 257.

64) Begründung S. 20 ff.

65) A.a.O. S. 22.

66) A.a.O. S. 22.

wenn die Ausuferung des vorterminlichen Schriftsatzwechsels nicht zu befürchten ist (67). Der Vorsitzende kann dann von der Festsetzung eines Termins absehen und statt dessen den Beklagten auffordern, binnen zwei Wochen nach Zustellung der Klageschrift zu erklären, ob er sich gegen die Klage verteidigen wolle und ihm gleichzeitig eine Frist zur schriftlichen Klageerwiderung setzen (§ 261a des Entwurfs). Wenn der Beklagte die erstgenannte Frist verstreichen läßt oder erklärt, sich nicht verteidigen zu wollen, so kann auf Antrag das Gericht ohne mündliche Verhandlung entscheiden (331 III des Entwurfs). Im Falle eines schriftlichen Anerkenntnisses kann auch ein Anerkenntnisurteil im schriftlichen Verfahren ergehen (§ 331 III des Entwurfs). Bei Nichteinhaltung der Frist zur Klageerwiderung soll eine verschärfte Präklusion eingreifen (§ 280 des Entwurfs). Wenn das Gericht die Beschleunigung des Verfahrens durch einen möglichst frühen Termin erreichen zu können glaubt (in nichtvermögensrechtlichen Streitigkeiten kann es nur diesen Weg einschlagen), dann kann es in diesem Termin den Rechtsstreit mit den Parteien erörtern, Beweiserhebungen anordnen und gegebenenfalls ein Urteil erlassen. Hat der Beklagte auf die Klage nicht oder nicht ausreichend erwidert, kann das Gericht ihm eine Frist zur schriftlichen Klageerwiderung setzen (§ 275 des Entwurfs), nach dessen Ablauf die Präklusionsvorschrift des § 280 eingreift. Eine Durchbrechung des strengen Mündlichkeitsgrundsatzes liegt weiter darin, daß das Gericht den Parteien auch außerhalb der mündlichen Verhandlung eine Frist zur Erklärung über erklärungsbedürftige Punkte setzen kann (§ 278 des Entwurfs); einen Verstoß dagegen muß die Partei genügend entschuldigen (§ 280 II des Entwurfs).

Die in der Beschleunigungsnovelle vorgesehene Regelung hat in manchen Punkten und von den verschiedensten Seiten her Kritik erfahren. Auf der Mitgliederversammlung des Deutschen Anwaltvereins am 16. Mai 1970 in Kiel sind in der Diskussion schwerwiegende Bedenken geltend gemacht worden (68).

---

67) A.a.O. S. 22: Gegen diese Wahlmöglichkeit des Gerichts wenden Baumann-Fezer, S. 27 ein, daß dadurch die notwendige Durchsetzung des Haupttermins im Zivilprozeß erschwert werde.

68) Anwaltsblatt 1970, 204 ff.

Der ZPO- und GVG Ausschuß des Deutschen Anwaltsvereins hat am 4. Mai 1970 eine ausführliche Stellungnahme abgegeben. Sie kann hier nur soweit interessieren, als sie sich auf die Frage der Mündlichkeit bzw. der Stellung der mündlichen Verhandlung im Prozeß bezieht. Der Ausschuß begrüßt hier einerseits zwar die in § 261a des Entwurfs vorgesehene wahlweise Anwendbarkeit des Stuttgarter Modells (69), er wendet sich aber mit Nachdruck dagegen, die Konzentration der mündlichen Verhandlung auf einen Termin mit prozessualen Zwängen und Drohungen zu erreichen (70). Es werden zunächst Bedenken gegen die Auffassung angemeldet, daß die Beschränkung der mündlichen Verhandlung auf nur einen Termin tatsächlich in jedem Falle der Prozeßbeschleunigung dient. Es wird auf die allgemeine und besondere Verwaltungsgerichtsbarkeit verwiesen, wo in der Regel nur ein Termin stattfindet, die Prozesse aber gleichwohl länger dauern als in der Zivilgerichtsbarkeit (71). Besonders angezweifelt wird die Eignung der vorgesehenen Präklusionsvorschriften (§ 280 des Entwurfs), der Prozeßbeschleunigung zu dienen, und zwar aus zwei Gründen. Gehe man davon aus, daß die Präklusionsvorschriften nur diejenigen Prozesse beschleunigen könnten, in denen eine oder mehrere Beweisaufnahmen durchgeführt werden, so komme es naturgemäß auf die Zahl der Prozesse an, in denen überhaupt eine Beweisaufnahme stattfindet. Dies seien 39% nach der Statistik von 1968. Davon würden mindestens 1/3 innerhalb von 6 Monaten erledigt, insoweit könne von einer Prozeßverschleppung ohnehin keine Rede sein. Es blieben also nur 25% der gewöhnlichen Prozesse, die länger als 6 Monate dauerten und in denen Beweis erhoben werden müsse. Die Stellungnahme will den Prozentsatz der Prozesse, in denen mit einer absichtlich oder grob fahrlässigen Prozeßverschleppung zu rechnen ist, nicht höher als mit einem Drittel ansetzen, so daß also nur ca. 8-9% (ein Drittel von 26%) aller Prozesse verbleiben, die durch die Präklusionsvorschriften beeinflußt werden können.

---

69) Stellungnahme S. 2.

70) A.a.O. S. 3; Dies ist der Hauptvorwurf, der gegen die Beschleunigungsnovelle erhoben wird. Vgl. Scheuer, ZRP 1970, 169 ff; Baumann-Fezer, ZRP 1970, 127 ff; Beschleunigung des Zivilprozesses S. 36 f, 68. Verteidigt wird die Novelle von Sedemund-Treiber, ZRP 1970, 121 ff, die als Referentin an der Formulierung mitgewirkt hat.

71) A.a.O. S. 3.

Noch überzeugender ist der zweite gegen die neu vorgesehenen Präklusionsvorschriften (§§ 277 u. 280 des Entwurfs) vorgebrachte Einwand. Es ist sicher damit zu rechnen, daß die Drohung der Präklusion die Parteien veranlassen wird, vorsorglich zu Beginn des Prozesses alle irgendwie denkbaren Argumente, Tatsachen und Beweismittel vorzutragen. Insoweit wird in der Tat der Grundsatz der Einheitlichkeit der mündlichen Verhandlung durch eine späte Wiedergeburt der Eventualmaxime beseitigt (72). Es liegt auf der Hand, daß die Überhäufung des Gerichts mit vorsorglichem Vorbringen der Parteien den Prozeß häufig erheblich verzögern wird. Auch der Streit um das Vorliegen der Entschuldigungsgründe kann weitere Zeit in Anspruch nehmen (73). Die scharfe Präklusionsdrohung kann also gerade die der beabsichtigten entgegengesetzte Wirkung haben (74). Sie kann auch zu einer Vermehrung der Prozesse führen, wenn der durch die Zurückweisung eingetretene Rechtsverlust die unterlegene Partei zu einem Regressprozeß gegen ihren Anwalt veranlaßt. Der durch die Zurückweisung aus dem ersten Prozeß ausgeschaltete Prozeßstoff wird dann in diesem zweiten Prozeß geltend gemacht (75).

---

72) A.a.O. S. 5.

73) So Baumann-Fezer, a.a.O. S. 36.

74) Die Begründung bezieht sich auch auf das italienische Beispiel (S. 11 f). Dort habe sich gezeigt, daß es ein Fehler sei, die Prozeßbeschleunigung durch Einengung der richterlichen Ermessungsbefugnisse und Einführung zwingender Verfahrensvorschriften erreichen zu wollen. So habe der am 12. April 1942 in Kraft getretene italienische Codice vom 28. Oktober 1940 das Novenrecht in ähnlicher Weise beschränkt wie die Beschleunigungsnovelle. Dies habe eine erhebliche Verlängerung der Prozesse zur Folge gehabt (De Boor, Einzelrichter und Kollegium im italienischen und deutschen Zivilprozeß, 1953, S. 87). Diese Bestimmungen seien 1948 bzw. 1950 wieder aufgehoben worden, weil, wie in der Begründung ausgeführt worden sei, die Richtigkeit des Urteils einem mißverstandenen Schnelligkeitsbedürfnis geopfert würde und außerdem die Streitigkeiten über die Zulässigkeit neuen Vorbringens den Rechtsstreit verlängerten. S. dazu auch Habscheid, ZZP 81, 175 ff (183, 191), der im übrigen dem Gedanken der Prozeßbeschleunigung durch Einführung von Präklusionsvorschriften keinesfalls ablehnend gegenüber steht (S. 190 ff).

75) A.a.O. S. 9. Diesen Gedanken hatte Baumgärtel schon im Jahre 1968 in einer Stellungnahme dem Bundesjustizministerium vorgetragen. Die Veröffentlichung einer Abhandlung, die diese Stellungnahme im wesentlichen wiedergeben sollte, in der ZRP unterblieb, weil die Beschleunigungsnovelle in der veröffentlichten Fassung in maßgebenden Teilen geändert worden war. Auch Baumgärtel hält die Sanktion des § 280 bei Nichteinhaltung der Klagefrist für unangemessen hart.

Diese Stellungnahme zeigt, daß der Entwurf der Bundesregierung keinesfalls alle Zweifel ausgeräumt hat. Er hat auch verschiedene Gegenentwürfe veranlaßt, so von Bender und Baumann-Fezer (76).

Bender hat seinen Vorschlag insoweit dem Regierungsentwurf angepaßt, als auch er die Wahl zwischen einem frühen und einem späten ersten Termin geben will (§§ 252b und 252i des Entwurfs). Er lehnt aber den § 280 der Beschleunigungsnovelle und die dort vorgesehene Präklusion ab. In der Tat ist ja das bisherige Stuttgarter Verfahren mit den Präklusionsvorschriften der ZPO ausgekommen. Bender sieht aber auch Sanktionen für Fristversäumnisse vor, so etwa bei Versäumung der Klageerwiderungsfrist die Möglichkeit eines Versäumnisurteils und die Fiktion des Zugeständnisses des gegnerischen Sachvortrags (§§ 252g und h). Bei späterem Bestreiten soll dann eine Umkehr der Beweislast eintreten (§ 252h II). Diese elastische Regelung vermeidet die Bedenken, die gegen die harten Präklusionsvorschriften der Beschleunigungsnovelle vorgebracht worden sind.

Baumann-Fezer haben sich bei ihren Vorschlägen auf die Hervorhebung von Schwerpunkten beschränkt (77). Sie halten die Anordnung des persönlichen Erscheinens für unbedingt erforderlich, um den Prozeß zu beschleunigen. § 141 ZPO soll deshalb aus einer Kannvorschrift zu einer Mußvorschrift werden. Weiter wollen sie einen fakultativen Vortermin und einen obligatorischen Haupttermin vorsehen. Der Vortermin soll dann stattfinden, wenn das Gericht ein schriftliches Vorverfahren nicht für ausreichend hält, also in umfänglicheren Fällen. Im Haupttermin soll durch Erörterung des Rechtsstreits mit den Parteien und ihren Anwälten die Entscheidungsgrundlage gewonnen werden. Die Vorbereitung der Beweisaufnahme soll während des Vorverfahrens, gegebenenfalls im Vortermin erfolgen.

---

76) Beide abgedruckt in Baumann-Fezer, a.a.O. S. 53 ff, 62 ff.

77) A.a.O. S. 62 ff.

IX. Rechtstatsächliche Untersuchungen der Gründe für die Prozeßdauer

Die Beschleunigungsnovelle hat, wie diese Stellungnahmen zeigen, zu erheblichen Kontroversen geführt. In erster Linie stehen sich gegenüber die Behauptung, Parteien und Anwälte verzögerten durch stückweises Vorbringen und unnötige Vertagungs- und Fristverlängerungsanträge den Prozeß, und das Gegenvorbringen der Anwälte, die Prozeßverzögerung beruhe in erster Linie auf dem "Justizapparat". Da nun beide Thesen auf unbewiesenen Tatsachen beruhen, lag der Gedanke nahe, durch Rechtstatsachenforschung das notwendige Material zu besorgen, auf Grund dessen die entgegengesetzten Argumentationen auf ihre Stichhaltigkeit geprüft werden können. Der Hinweis erscheint nicht überflüssig, daß diese Erhebungen der Formulierung der Beschleunigungsnovelle hätten vorausgehen sollen, daß ihre Durchführung Aufgabe des Gesetzgebers sein sollte und nicht derjenigen, die durch einen auf bloßen Behauptungen aufbauenden Gesetzentwurf betroffen sind. Dieses Versäumnis des Gesetzgebers kann auch nicht mit dem Schweigen der Wissenschaft erklärt werden, nachdem neuerdings durch die Arbeiten Rehbinders die Bedeutung der Rechtstatsachenforschung gebührend deutlich gemacht wurde (78, 79).

Es liegt nunmehr eine Untersuchung über die Dauer von Zivilprozessen vor dem Landgericht erster Instanz vor, die auf Anregung und mit Unterstützung

---

78) In diesem Sinne auch Hahndorf, Anwaltsblatt 1971 Heft 1 Anm. 6. Sein Hinweis auf den unerträglich geringen Etat des Bundesjustizministeriums für Rechtstatsachenforschung (90.000 DM für 1970 und 100.000 DM für 1971) spricht für sich selbst. Als ein Beispiel für rechtstatsächliche Untersuchungen in den Vereinigten Staaten vlg. Maurice Rosenberg und Michael J. Sovern, Verzögerung und Beschleunigung bei Personenschadensprozessen; Studien und Materialien zur Rechtssoziologie, als Sonderheft 11 der Kölner Zeitschrift für Soziologie herausgegeben von Ernst E. Hirsch und Manfred Rehbinder, Köln und Opladen 1967, S. 323 ff.

79) Arthur Nußbaum, Die Rechtstatsachenforschung, ausgewählt und eingeleitet von Manfred Rehbinder, Berlin 1968; Manfred Rehbinder, Die Rechtstatsachenforschung im Schnittpunkt von Rechtssoziologie und soziologischer Jurisprudenz, Jahrbuch für Rechtssoziologie und Rechtstheorie 1970, S. 334 ff.

der Rechtsanwaltskammer Freiburg von der Forschungsgruppe 'Empirische Rechtssoziologie' am Institut für Soziologie der Universität Freiburg durchgeführt worden ist (Blankenburg-Bericht) (80). Bereits im Wintersemester 1969/1970 hat zudem das Institut für Verfahrensrecht an der Universität Köln im Rahmen eines Seminars unter Leitung von Baumgärtel empirische Untersuchungen an 286 in den Jahren 1966-68 bei den Landgerichten Köln und Düsseldorf erledigten Verfahren über die Ursachen möglicher Prozeßverzögerungen angestellt (80a).

Das Ziel der Freiburger Untersuchung ist es, festzustellen, wie weit die Dauer der Prozesse durch das Verhalten der Richter oder der Anwälte und wie weit beider Arbeit durch organisatorische Bedingungen am Gericht beeinflußt werden (81). Untersucht worden sind 120 Akten gewöhnlicher Prozesse (O-Sachen) von Berufungsverfahren der Landgerichte Baden-Baden, Freiburg, Konstanz, Offenburg und Waldshut, die beim Oberlandesgericht Karlsruhe, Außensenat Freiburg, anhängig waren.

Man kann dieser Untersuchung trotz ihrer beschränkten Zielsetzung ebenso wie derjenigen von Baumgärtel zwei Folgerungen entnehmen: daß einmal die Methode derartiger Untersuchungen geeignet ist, an die Stelle bloßer Behauptungen Tatsachenmaterial zu beschaffen, das dem Gesetzgeber eine sachgerechte Arbeit ermöglicht. Zum anderen wird man mindestens sagen können, daß in einer Reihe wichtiger Punkte die Feststellungen, die der Gesetzgeber der Beschleunigungsnovelle zugrunde gelegt hat, jedenfalls nicht bestätigt worden sind. Dies gilt vor allem für die Erwägungen, die den Präklusionsvorschriften zugrunde gelegen haben. Hingegen scheinen mir die Ergebnisse der Unter-

---

80) Institut für Soziologie der Universität Freiburg-Forschungsgruppe "Empirische Rechtssoziologie": Die Dauer von Zivilprozessen in erster Instanz vor dem Landgericht, von Erhard Blankenburg, Viola Blankenburg, Volker Erlbruch, Christa Feest. Dazu Hahndorf in Heft 1 des Anwaltsblatts 1971.

80a) Mes, Mögliche Ursachen der Prozeßverzögerung, Anwaltsblatt 1970, Heft 12.

81) A.a.O. S. 4.

suchungen dafür zu sprechen, daß es in der Tat zweckmäßig ist, dem Gericht eine Wahlmöglichkeit hinsichtlich der Festsetzung des ersten Termins zu gewähren.

Die Einführung der neuen Präklusionsvorschriften wird mit der Unzulänglichkeit der bisher geltenden begründet, die den schleppenden Verfahrensablauf nicht beschleunigen können. Die Ursachen für den schleppenden Prozeßverlauf sieht die Begründung der Beschleunigungsnovelle nun aber ganz überwiegend im Verhalten des Beklagten: dieser reiche die Klageerwiderung häufig erst kurz vor dem Termin oder gar erst im Termin ein, was dann eine Vertagung nötig mache (82). Im Zusammenhang mit der Erörterung der Möglichkeit, durch die Anordnung des Ruhens des Verfahrens die an der Fortführung des Prozesses interessierte Partei zu einer strafferen Prozeßführung zu veranlassen, findet sich die Behauptung, dies sei in der Regel der Kläger (83). Die Konsequenz aus dieser Sicht ist dann die Verbindung der Klageerwiderungsfrist mit der Präklusion des § 280 des Entwurfs, eine Regelung, die sich gegen den Beklagten richtet, der als der Angegriffene den Zeitpunkt des Prozesses nicht wählen konnte – welche Möglichkeit der Kläger in der Regel ja hatte – und nun im Gegensatz zum Kläger seine Prozeßführung in begrenzter Zeit vorbereiten muß. Die Präklusion soll ja nicht nur bei Überschreiten der Frist, sondern auch bei inhaltlichen Mängeln der Klageerwiderung eingreifen (84). Ich sehe darin, abgesehen von den Bedenken gegen allzu harte Präklusionsvorschriften überhaupt, einen Verstoß gegen das Prinzip der Waffengleichheit der Parteien im Zivilprozeß, der, wenn überhaupt, allenfalls dann gerechtfertigt sein könnte, wenn in der Tat der Beklagte es wäre, der in der Regel an der Prozeßverschleppung interessiert ist.

Den Beweis dafür erbringen der Blankenburg-Bericht und die Untersuchung Baumgärtels jedoch nicht.

---

82) S. 21 unter b.) und c.).

83) S. 21 unten, S. 22 oben.

84) S. 23 unten, S. 24 oben der Begründung.

Zwar hat der Blankenburg-Bericht festgestellt, daß nur die Hälfte der allerdings nur ausnahmsweise (in 14% der untersuchten Prozesse) gesetzten Klageerwiderungsfristen eingehalten wird (84a). Er hat auch die Vermutung ausgesprochen, daß sich hier das Fehlen von Sanktionen für die Nichteinhaltung auswirke (85). Der Baumgärtel-Bericht enthält über die Häufigkeit der Nichteinhaltung einer Klageerwiderungsfrist keine Angaben. Er stellt aber fest, daß die Klageerwiderung nur in knapp der Hälfte aller Fälle rechtzeitig, d.h. mindestens 6 Tage vor dem Verhandlungstermin bei Gericht eingeht (86). Daran schließt sich die Vermutung an, daß eine Verzögerung ohne einen sachlichen Grund erfolge, weil in einer großen Zahl der Fälle der erste Verhandlungstermin auf 45 Tage und später bestimmt wurde. Immerhin wird eingeräumt, daß sich aus der Analyse nicht die Gründe für diese Verzögerung entnehmen lassen.

Man kann also aus der Verzögerung bei der Klageerwiderung nur dann auf eine Verschleppungsabsicht des Beklagten schließen, wenn dessen Verhalten im weiteren Verlauf des Prozesses diese Vermutung bestätigt. Ist dies nicht der Fall, so liegt hinsichtlich der Verzögerung bei der Klageerwiderung der Gedanke nahe, daß diese sachliche Gründe hat, so etwa, daß der Beklagte jetzt die Prozeßvorbereitung nachholen muß, für die der Kläger vor Klageerhebung Zeit hatte; daß der Anwalt infolge der bekannten Überlastung Zeit zur Einarbeitung benötigt usw. Es ist schließlich höchst unwahrscheinlich, daß der zur Prozeßverschleppung entschlossene Beklagte diese Absicht nur einmal, am Beginn des Prozesses bestätigt.

Als Indizien für die Absichten des Beklagten bieten sich die weiteren Schriftsätze, der Zeitpunkt ihres Eingangs und ihre Zahl, sowie Schriftsatzfristbegehren und Vertagungsanträge an.

Der Baumgärtel-Bericht enthält Feststellungen über die Zahl der Schriftsätze (87). Völlig zutreffend geht er davon aus, daß bei einer zu großen Zahl von Schrift-

84a) A.a.O. S. 15.

85) A.a.O. S. 16.

86) A.a.O. S. 4.

87) A.a.O. S. 6 f.

sätzen die Gefahr einer schwerfälligen Handhabung des Prozesses und damit auch seiner Verzögerung besteht. Rund 95% der nur ein halbes Jahr dauernden Prozesse kamen mit höchstens 7 Schriftsätzen des Klägers aus, bei den ein Jahr dauernden Prozessen war dies nur noch bei ca. 75% der Fall. Bei den zwei Jahre dauernden Prozessen sank die Zahl der mit 7 Schriftsätzen des Klägers erledigten Prozessen sogar auf ca. 30%. Der Zusammenhang zwischen Zahl der Schriftsätze und Prozeßdauer ist damit deutlich. Auf der Seite des Beklagten liegt der Durchschnittswert der Schriftsätze für die einzelnen Prozesse eindeutig niedriger als auf der Seite des Klägers: für die ein halbes Jahr dauernden Verfahren bei 3,1 (beim Kläger 3,63) Schriftsätze in jeder Sache, bei den ganzjährigen Prozessen bei 5,42 (beim Kläger 6,53) und bei zweijährigen Prozessen bei 9,49 (beim Kläger 10,56) Schriftsätzen. Die Zahl der eingehenden Schriftsätze erlaubt also keinesfalls den Schluß, daß der Beklagte den Prozeß mehr verzögert als der Kläger.

Dasselbe ergibt sich, wenn man den Eingang der Schriftsätze im Verhältnis zum nächsten Termin betrachtet, wovon in hohem Maße die Verwertbarkeit der Schriftsätze in diesem Termin abhängt. Hier ergibt der Baumgärtel-Bericht (88), daß etwa jeder zweite Schriftsatz des Klägers verspätet eingeht und damit als prozeßverzögernd angesehen werden muß. Die Folge davon ist, daß auch nahezu zwei Drittel der Schriftsätze des Beklagten, der ja zu antworten hat, verspätet eingehen. Auch aus dem Zeitpunkt des Eingehens der Schriftsätze ergibt sich also, daß die Verantwortung für die Prozeßverzögerung beide Parteien im selben Maße trifft.

Über die Beantragung von Schriftsatzfristen enthält der Blankenburg-Bericht die Angabe, daß der Kläger in 54%, der Beklagte in 31% der Fälle diesen Antrag stellt und zwar in 60% aller Fälle schon im ersten oder zweiten Termin (89). Wie Hahndorf zutreffend bemerkt (90), kann man daraus nicht auf eine Verzögerungsabsicht schließen, weil dann die Schriftsatzfristanträge auch in den

---

88) A.a.O. S. 7.

89) A.a.O. S. 15.

90) A.a.O. unter II.

späteren Terminen gestellt werden müßten. Man wird vielmehr einen echten Zeitmangel der Parteien am Beginn des Prozesses zugestehen müssen. Auch die Feststellungen der Berichte zu den Vertagungsanträgen lassen keinen Schluß auf eine Verzögerungsabsicht gerade des Beklagten zu. Nach dem Baumgärtel-Bericht ist der weitaus häufigste Vertagungsgrund ein übereinstimmender Antrag der Parteien (91), nach dem Blankenburg-Bericht erfolgen 50% der Vertagungen von Amts wegen, je 25% auf Antrag des Klägers oder des Beklagten (92). Der Verdacht einer Verzögerungstaktik des Beklagten wird also auch hier nicht bestätigt.

Die rechtstatsächlichen Untersuchungen haben somit ergeben, daß die Präklusionsvorschriften der Beschleunigungsnovelle tatsächlich nicht die wirklichen Ursachen für die lange Prozeßdauer treffen. Der Gesetzgeber sollte diese Forschungen intensivieren, um zu einer Revision des Entwurfes und vor allem der Präklusionsvorschriften zu kommen, die, wenn überhaupt, den Prozeß nur auf Kosten der Urteilsrichtigkeit beschleunigen können.

Von Interesse dürften im übrigen auch die schwedischen Erfahrungen sein. Ekelöf hat berichtet (93), daß auch in Schweden die Reformbestrebungen dahin gegangen sind, die Zivilprozesse nach Möglichkeit in einer einzigen Hauptverhandlung zu erledigen. Man hat zu diesem Zweck eine intensive Vorbereitung derselben vorgesehen, die grundsätzlich mündlich vor einem Einzelrichter erfolgt. Dieses Verfahren hat sich sehr bewährt, obwohl die schwedischen Präklusionsvorschriften etwa denen des geltenden deutschen Prozeßrechts entsprechen, also wenig wirksam sind (94). Auch diese Erfahrung spricht dafür, daß die Bedeutung von Präklusionsvorschriften für die Garantie einer konzentrierten Hauptverhandlung leicht überschätzt wird.

---

91) In 33,36% der halbjährigen Verfahren, in 52,36% bzw. 47,19% der ein- und zweijährigen Verfahren, a.a.O. S. 9.

92) A.a.O. S. 19.

93) Das schwedische Untergerichtsverfahren in Zivil- und Strafsachen, Vortrag vor der Juristischen Studiengesellschaft in Karlsruhe am 29. Juni 1967, Karlsruhe 1968.

94) A.a.O. S. 8.

In einem Punkte scheinen mir allerdings die Ergebnisse der rechtstatsächlichen Untersuchungen die in der Beschleunigungsnovelle vorgesehene Regelung zu bestätigen: die Entscheidung für die Möglichkeit des Gerichts, je nach der Art der Sache zwischen einem frühen oder einem späten ersten mündlichen Verhandlungstermin zu wählen. Im Baumgärtel-Bericht wird festgestellt (95), daß bei den halbjährigen Verfahren in 27,78% der Fälle, bei den einjährigen in 39,29% und bei den zweijährigen in 41,43% der erste Termin kein echter Verhandlungstermin ist. In 23,8% der einjährigen und in 27,17% der zweijährigen Prozesse findet die erste mündliche Verhandlung sogar später als 45 - 120 Tage nach dem festgesetzten ersten Termin statt. Nimmt man noch hinzu, daß nach dem Blankenburg-Bericht die Schriftsatzfristanträge zu 60% im ersten oder zweiten Termin gestellt werden (96), so wird deutlich, daß ein früher erster Termin doch nicht in jedem Fall die beste Lösung zu sein scheint (97). Nur wenn die Vorbereitung des ersten Termins gewährleistet ist, erscheint eine Ersttermininierung als sinnvoll. Diese Vorbereitungszeit wird je nach der Schwierigkeit des Prozesses verschieden lang sein müssen. Die Beschleunigungsnovelle gibt dem Gericht die Möglichkeit von der zur Zeit undifferenzierten (98) zu einer elastischeren Ersttermininierung zu kommen.

---

95) A.a.O. S. 5.

96) Oben Anm. 89.

97) So auch Blankenburg-Bericht S. 14.

98) Blankenburg-Bericht S. 15.

X. Schlußbemerkung

Unser Überblick hat gezeigt, daß das Mündlichkeitsprinzip, wenn es in doktrinärer Weise streng durchgeführt werden soll, höchst unzweckmäßig ist. Es läßt sich in reiner Form gar nicht verwirklichen. Die mündliche Verhandlung als Kernstück des Zivilprozesses ist sinnvoll, weil sie dem Gericht die beste Gelegenheit gibt, den Rechtsstreit mit den Parteien zu erörtern. Sie ist auch der beste Rahmen für die Beweisaufnahme; die Vernehmung von Zeugen und Sachverständigen sollte nach Möglichkeit vor dem erkennenden Gericht erfolgen (Grundsatz der Unmittelbarkeit). Diese Aufgaben kann die mündliche Verhandlung, wie die Rechtsentwicklung seit dem Erlaß der ZPO gezeigt hat, aber nur erfüllen, wenn sie intensiv vorbereitet wird. Dies wiederum ist ohne einen Schriftsatzwechsel der Parteien (gegebenenfalls unter Leitung des Gerichts) nicht möglich. Das Mündlichkeitsprinzip bedarf also zu seiner Wirksamkeit der Ergänzung durch Elemente der Schriftlichkeit.

FSC
www.fsc.org
MIX
Papier | Fördert gute Waldnutzung
FSC® C083411

Kolibri 360 GmbH
Ferdinand-Jühlke-Straße 7
99095 Erfurt, Deutschland
produktsicherheit@kolibri360.de